AF397678

LEVIATHAN

RUNOJA

Kustantaja: BoD - Books on Demand,

Helsinki, Suomi

Valmistaja: BoD - Books on Demand,

Norderstedt, Saksa

ISBN: 978-952-80-5038-4

Linnut

raitiovaunut

tapa jolla niitä

verrataan on

kirjallisuutta

kissa kaataa mukin

pöydältä

kahvitahra peittää

sanomalehtien järkylykset.

Yritän

ymmärtää merkityksiä

lopullista totuutta

joka on sen puute

ajattelen -

siis toistun.

Katuvalojen keltainen

hiljaisuus

teollisuus jalostaa uusia

huolia

savupiiput rakentuvatkin

sisimpäämme

metsät silminämme.

Lapsenmielinen varmuus siitä

miten

muurahaisten puhe

painuu ruohikon muistiin.

Mukissa ympyränmuotoista

kahvia

totuudeksi kelpaavat kuvitellut

itseään kiertävät epätodet.

Tarinat jäävät kesken

kuvittelee toisin

loput ja alut

muistaa kaivata

itselleen tuntematonta.

Syön nuudeleita

elän kuten opetan

suljin auringon latoon

missä ovat

menneet kesät

muurahaiset rakentavat

ostoskeskusta

kaapelimetsään ei mennä

marjasankojen kanssa.

Ortodoksisen kirkon

puuttomalla pihamaalla

oravat kelpuuttavat

rukoukset

ravintoketjuun.

Tutkin

maantielle kuollutta

kissaa

etsin mekanismia

josta se lähtisi

uudelleen käyntiin.

Sanot

meneväs kampaajalle

että on

maksalaatikkoa

lämmitä mikrossa

se mistä kirjoitat.

Hain puita liiteristä

hiivalta maistuvan viinin

runokirja

pelkkä

kärpäslätkä.

Eläimet pikakelattu

takaisin

niihin metsiin

joita

ei enää ole.

Mä keksin sut

ja sä termostaatin

kolmen vuoden aikana

miten lämpöä säännöstellään.

Sohvalla kuorsaa

alaston nainen

jämiä tuhkakupissa

tullaan toimeen

saadaan

kirkolta

leipäpussit

kelalta

korvauksia

kaalikeittoa varten

muutetaan kirjat lihoiksi.

Viisivuotiaan piirros

sininen yksilöityminen

jatkuu reunojen

ymmärryksen yli

läikkynyt maito.

Miten karannut vappupallo

sulkee

koko telakan.

Torilla myydään joulukuusia

kuka muistaa enää metsiä

päästä kärpästä ikkunasta

myöhästy töistä.

Vintillä oli

minun huoneeni

ikkuna metsään

peilaa yhä sisäänpäin.

Ilkankadun ränsistynyt kerhotalo

kaivinkoneet

purkamassa lapsuutta.

Kerrostalon

ikkunasta

sammui viimeinen valo

jossain kaukana

haukkuu koira

miten paljon hiljaisuus

muistuttaakaan lohtua.

(Isälle)

Katselin sairaalan ikkunasta

miten suru viipyi puissa

ja miten

jokainen aurinko laski

yksinäiselle ratapihalle.

Yön viimeinen raitiovaunu

kolisee rappukäytävässä

pienen lapsen itku

jaloviina

paranoid.

Pyyhe lantiolla

saunasavu

uni roikkuu tuomipuun

oksilta

ripsiltä

käki.

Taivas jatkaa lokkia

palapeliä

hankalaa sinistä.

Autotielle kuollut

jänis jota

tyttö silitti

kuin jotakin

minussa särkynyttä.

Saarikoski teki

kirjoista

labyrintin

sekin oli polku

eikä mikään taakka

itseään enempää.

Kukat kuten lapsi

ne kääntää

perhoset

kivi kiveltä

Sapfon laulut.

Tämä huone kuului

sisarelleni

hiljaisuuden tunnistaa siitä

että se alkaa vähitellen kaikua.

Isoäidin luona

en saanut nukutuksi

kärpästen pölynraskas

surina

kaappikello käveli

huoneessa tasatunnein.

Keväisin sadevesi täytti

ojanpohjan

sammakonpoikaset

alkoivat kiertää mieltä.

Aikuisena ainoaksi

tehtäväksi jäi

etsiä tarpeeksi korkea puu

se

josta näkee lapsuuteen

saakka.

Asuin sen viikon

kellarissa

kanaverkko pisteli hiuksia

uni ei tullut

pidin hiirille seuraa

yöt kuluneita kirjoja.

Makasin nurmikolla

kastemadot ryömivät

sandaaleista

muovipussissa tähänastinen

suussa maistui

koiranpaska bling-bling.

Luen Wordsworthin runoja

kirjoissa olennaista se

mitä niihin ei ole

kirjoitettu.

Tiskivuori

kukkakärpästen mafia

ainoastaan havainnon tekijä

kokee rajallisuutensa

ei tiedä

mistä aloittaa.

Hiljaisuus pirstoo universumit

ikuisuuden ei tarvitse liioitella

jatkumoaan

miksi kuvata jotakin

joka ei ole tietoa

joka vie vanhukselta uskon

sade askeleen edellä

lehdet puita.

Tuu mun viereen

tuu samalle puolelle

jossa sydän

on

uni

loppuun nukuttu

pimeä.

Kasvot ikkunassa ovat

vanhan miehen

miten valon loitontuessa

maatuva aurinko

asettuu iän kehyksiin.

Kaupallinen auringonpaiste

vituttaa herätä

ruohonleikkuri

hyökkää

mielikuvan

kimppuun.

Pururadalla sovitan kaipaustani

tassunmuotoiseen jälkeen.

Selälleen joutunut

kovakuoriainen

säikähtää taivasta

jota ei ennen

ollut.

Kontrolli

kauko-ohjattava meriharakka.

Aamulla

en tiennyt lähtisinkö

kohti ihmistä

vai totuutta kohden

pöydällä tähänastiset

joita

olen yrittänyt

ymmärtää.

Kusilätäkössä väreili karaoke

poliisiauton sininen sireeni

olen täällä

koska metsä on

pantu kiinni.

Kitken rikkaruohoja

polku jota Buddha käveli

on mennyt umpeen.

Leija joka lapselta karkasi

on vuosien kuluttua

todellisempi.

Juon aamukahvia

päivät saavat alkunsa

kun

katselee valkeaksi maalattua

seinää

kärpästä jota ensin luulee

likatahraksi.

Iltapäivällä valo oli niin

että pääskynen lensi

päin ikkunaa

Höyhenkevyt hiljaisuus

putosi väliimme.

Pölyiseen ikkunalasiin

lapsen

sormi tuhrii

kirjain kirjaimelta

alkaa paljastua

järvi

kirkko

sen takana.

Tätä kirjoittaessa

variksen ja ikkunan

sisäpuolelta

katsovan

osat vaihtuvat.

Jos jokin meissä

pysähtyy

ovat lokit

riittävän korkealla

olematta kenenkään.

Hailuoto

täältä on

pitkä matka

itseen,

postilaatikolle.

Haravoin lehtiä

koivut juttelevat

mustavalkoisia

Sunnuntai

silloinkin voi sataa

pyhät tekstit kasvavat

ihmisen mittaiseksi.

Kyselevät vaikeita

ei minusta ole

filosofian

kauppamieheksi

uhriksi en suostu

muitakin murheita:

Kafka, Camus, Joyce.

On vain teoria lopusta ja alusta

ihminen rajataan lyijykynämerkintään

ovenkarmissa

seiniltä voi yhä erottaa

menneiden ääriviivat.

Lapsena salaisuudet haudattiin

maahan ja pantiin kivi

päälle

sammaliin kääritty kuollut

lintu

joka yhä laulaa

mutta toisin.

Aluksi ajatuksiltaan erottaa

mehiläisen surinan

hetkeä myöhemmin

puiden ja niittyjen välinen

vuoropuhelu.

En voi sietää ajatusta

onnea tuottavista jäniksenkäpälistä

miten kuulee itsensä

liharekkojen korvilla.

Isä tuli vanhaksi

oli poikien vuoro

kerätä muovia ruokapalkalla

Iltaisin tähdet ja konekiväärit

järjestyksessä taivaalla

kaikilla ei ole varaa

ymmärtää runoutta.

Kahden ihmisen väliset

lupaukset harvoin pitävät;

ainoastaan se mikä on

ei näy

tule läpi.

Etsin suuntaa

tekemättömistä teoistani

lohtua

joka voisi olla

totta

parta alkaa harmaantua

aika ei pysy.

Nukahdan kehräävä kirja sylissäni

aamulla

kissasta jäljellä

appelsiininkuoret.

Se mitä yritän rajata

särkyy

se mitä kerron

on toisin

että jokainen kirja

vanhetessaan syvenisi.

Täytyy käydä läpi jäämistöä

siirtää tunteita

huoneesta toiseen

antaa surun viedä

ruusupensaat pihamaalta.

Kaadan kahvin suoraan

paketista

näinkin voi elää

mitatta

annettava riittävän hajota

pitää pahanmakuista

hyvänä.

Koivunoksa raapii kiveä

aurinko ottaa äänettömän kipinän

alkaa leskenlehdellä surista.

Hetken

putoavassa sadepisarassa

kirkastuu

kokonainen metsä.

Aurinkoisena kevätpäivänä

sulava lumi pyristelee

mäntyjen oksilta

ainoan talitintin laulu

monistuu parveksi.

Kuumat poutapäivät

tukitoimi kastematojen hyväksi.

Minskissä

kerrostalon raunioissa oli

seuranani rotta

se muodosti puolet

kaupungin

asukasluvusta

Belgradissa ne olivat

lihavampia.

Mummola

miten kynä yhä

raaputtaa muistiin

sen lohkeilevaa

punamultaa.

Aina on poika ritsoineen

sen näkymättömän kiven

osuessa itsensä

sisimpään.

Syyskuu

kelta käpertyy itseensä

meissä virtaa sama

lehtien suonissa

asvaltilla koirien

valosteet.

Ikkunoiden välissä

kuolleita kärpäsiä

jälleensyntymiä;

joukkosurmat Myanmarissa.

Auringonlaskussa yrittää

nähdä jotain muuta;

Laituri rakentuu kaipuuksi.

Lapset tekevät kanteen

reikiä

keräävät lasipurkkiin etanoita

miten vaihtavat osat sydämessä

paikkaa

-Ei noin voi tehdä

lasketaan ne nurmelle

jota ei leikata.

Leikki on lapsen tapa

jättää jälkensä

hiekkalinnan sisimpään.

Poimia simpukka

nostaa korvalle

kokonainen meri.

Uni ei tule

vaikka päästää

kärpäsen ulos;

se jää mieleen

surisemaan

Zen.

Kesäkuun aurinko;

männynrunkoa pitkin

juoksee muurahainen

mahlan kanssa

kilpaa.

Ilta kuten sylikkäin

sen ymmärrämme

hellän viinin elkeet.

Lätäköstä peilaavat

lapsuuteni leikit

ikäisiltäni piilossa

rakentelen puroja

kengänkärki lapiona.

Puhkaistu avaruus

miten yksinäistä

miten purkautuu

kuoritun valon tyhjiö

sitruunasormet

ei ääntä.

Klapin heittänyt

on sydämensä jakanut.

-Musti.

Fyrkat taas loppu

Vexi 96

-Kirjoitus putkan seinällä.